AF438270
27/n
119

PHILARÈTE CHASLE

PAR AIMÉ GIRON

ÉTUDES CONTEMPORAINES (1)

***

La formation géologique morale des siècles semble procéder par couches successives, correspondant à des révolutions presque régulières et fatales. Spiritualisant notre comparaison, nous appellerons ces couches des périodes. — Deux périodes alternatives composent donc jusqu'à l'infini ces terrains de l'histoire sociale : période d'action, période de pensée. — Pour nous renfermer dans le cercle de notre expérience personnelle : à l'aube de ce siècle, l'action se retrouvait partout ; la politique en était devenue l'épanouissement le plus éclatant. En 1850, la rénovation littéraire et artistique se produisit : la pensée s'éveilla ;

(1) Chez Amyot. — Paris. — 15e volume.

elle envahit et régénéra tout à son tour. Aujourd'hui, enfin, la pensée s'apaise et ne vit plus pour le monde que de l'impulsion reçue ; l'activité renaît dans le commerce, l'industrie, devant lesquels les entraves et barrières économiques modernes s'abaissent pour disparaître bientôt. Cette période, on l'affuble pompeusement du nom de progrès. — Progrès? soit ! — Progrès incontestable de la matière brute ou mise en œuvre : de la première, par l'échange ; de la seconde, par la machine. Mais le progrès intellectuel et moral : Humanité ; le progrès politique et individuel : Société, marchent-ils parallèlement à l'autre ?

Il y a quelques jours, nous charmions nos longues heures de chemin de fer, par la lecture d'un petit factum du passé, *le Neveu de Rameau*, de Diderot. — Il nous semblait déchiffrer l'acte d'accusation de la fin d'une société, de la fin d'un monde plutôt attaqué d'anémie. — En deux types durement dessinés et brutalement brossés dans la vérité, comme des personnages de Ribeira, est symbolisé ce XVIIIᵉ siècle en décomposition. — Ce qui nous effraya, c'est que ce livre, abandonné et suranné, se trouve être redevenu feuilleté et rajeuni. — Nous avons donc, en 80 ans, vieilli bien vite ? — Où la cause ? — Sans doute dans ce progrès matériel qui, âme, esprit et Dieu, a tout fait descendre dans la science des chiffres et des mouvements ; a trop brusquement hâté la maturité de notre génération, et fait bon marché de l'idée au profit de la matière exploitée. Nous oublions cependant que celle-ci n'est que l'esclave de celle-là. — La matière, dans sa colossale inertie, s'oppose et résiste à l'homme ; survient l'idée insaisissable qui la combat, la dompte et la soumet. — Le petit berger David a terrassé le géant Goliath.

Quoi qu'il en soit, les *progressistes* croient et crient à une marche rapide de l'humanité, quand c'est peut-être le mouvement de la chute. — Nous avons crû trop vite et nous mourons plus tôt.

Loin de nous, cependant, de redouter et de condamner les activités d'un peuple. — Pratiques et spéculatives, nous les admirons toutes et nous sommes de ceux qui dirions avec cette inscription d'une tombe romaine : *Lugete, quiescit.* — Pleurez ; il se repose.

Au sein donc de ce développement des forces mécaniques, de cette période d'activité mercantile, tendant à la possession du bien-être et à nos pleines satisfactions physiques, les idées s'en vont, ou mieux, demeurent délaissées. — Car, âmes des sociétés, elles ne parlent que lorsque les sociétés, comme les corps, ne sont plus que cadavres. — A peine çà et là quelques *idéologues* (prononcer à la Napoléon Ier) s'enferment-ils encore dans ces sphères intellectuelles et morales, autour desquelles erre et passe la foule en haussant les épaules et en portant ironiquement le doigt au front. — Mais la modeste Eglise discréditée subsiste quand même ; il existe quand même une communion d'idées, espèce d'agapes fraternelles restreintes, sans doute, où pauvres et riches restent et attendent assis.

Philarète Chasles est un des prêtres de cette Eglise. — Comme quelques autres *rari nantes*, il traverse, sans s'émouvoir et se retourner, ces transitions de fièvres, de mouvement, de bruit, emportant dans son cœur ses chères et immortelles idées. — Il sait bien que, de l'autre côté, elles seront reines encore, reines toujours ; et les mugissements de la vapeur ne l'empêchent pas d'entendre tout bas les bruissements de leurs ailes.

Ph. Chasles est, avant tout, l'homme des rapprochements d'où ressortent l'histoire des idées et la philosophie des faits. — Aussi l'admirons-nous comme un maître.

Dans ce 15ᵉ volume, ainsi que dans tous les autres, et dans ses cours au Collége de France, l'élégant écrivain et l'éloquent professeur s'applique à résoudre des problèmes littéraires, à projeter quelques lumières sur des livres injustement oubliés, à relever des hommes cruellement abattus. — Son talent est de remuer des idées et de forcer à penser ceux qui ne veulent, ne savent ou ne peuvent plus penser. Quels charmants voyages il nous fait exécuter à travers les arts, les langues et l'histoire ? Nous allons essayer de l'accompagner le long de ce volume au sortir duquel on estime l'homme et admire l'érudit.

Il nous conduit d'abord au couchant de Gœthe, au levant de Shakespeare, dans ses études sur la vieillesse de l'un, sur la jeunesse de l'autre. — Et c'est avec intention que nous nous permettons, nous, de réunir ces deux noms. — Car ces deux colosses, partis de pôles différents, se rencontrent, il nous semble, dans leur formidable conclusion.

L'habitude du vulgaire est de chercher chez ceux qui par leur génie grandissent l'humanité, mais rapetissent l'homme, quelque côté faible qui les ramène aux proportions de tous, c'est-à-dire à l'égalité de la sottise et de la bassesse. — Il les étend sur le lit de fer de Procuste, et ne pouvant rien sur leur intelligence coulée d'un jet comme un bloc de bronze, il s'attaque au caractère, si difficile a soutenir entre les nécessités des choses et le commerce des hommes. — Et cependant, il est des personnages si grands que, comme Charlemagne, ils ne devraient être enterrés que debout, sur un siége d'or, la couronne au front, le sceptre et l'épée à la main.

Quoi qu'il en soit, la maréchaussée des soi-disant chercheurs de vérités a cru découvrir dans Gœthe et dans Shakespeare des taches presque devenues de l'histoire, tellement elle a mis d'acharnement et de persistance à les montrer, à les grossir, à les rendre indélébiles.

Ils ont accusé le Jupiter germanique d'égoïsme profond, ce qui serait un malheur de nature ; calculé, ce qui deviendrait un vice de volonté. Ils en ont fait une superbe statue de chair avec un cœur de marbre. Ils se sont morfondus à tirer de l'intimité de sa vie des historiettes d'amour plus ou moins véridiques ; et de la variété de ses œuvres, un éclectisme religieux et artistique interprété à plaisir et à mal.

Gœthe n'était point un égoïste, mais un philosophe contemplatif. — Des hauteurs où ses facultés l'avaient placé, il pouvait tout voir, tout comprendre, tout sentir, et se faire le truchement de toutes les pensées, de tous les sentiments, de toutes les civilisations, de tous les pays. — Voir, comme Dieu, c'est ne plus distinguer les formes, les nuances, mais envelopper le monde dans une immense égalité, dans une immense bienveillance. — Le poète planait donc au-dessus de son époque.—Et la foule n'a vu en lui qu'un miroir glacé, quoique merveilleux, rendant tous les éclairs sans s'échauffer jamais. — De ce point culminant de la raison, pour Gœthe, les hommes ne sont rien ; les faits, tout. — Il s'était ainsi naturellement élevé à cette indifférence des hommes qui constitue la grandeur absolue de l'impassibilité, mais grandeur en dehors de la philosophie humaine de Socrate et de la philosophie divine du Christ : — la Philanthropie et la Charité.

On a accusé Shakespeare à son tour de faiblesses courtisanesques, de vices grecs et latins, qu'on a fait sourdre à grand'peine d'un livre de sonnets mal compris, mal traduits, mal commentés, œuvre, d'ailleurs, de la première jeunesse de l'auteur. Avec la manie des gloses et des exégèses on a faussé tant de caractères, tant de doctrines, sans parler même des intentions ! La tâche qu'a entreprise Ph. Chasles est de rétablir dans la vérité et la lumière la splendide couronne du poète.

Shakespeare, lui, contrairement à Gœthe, sur le théâtre du monde, était, par la pente de son tempérament, incité à ne voir que l'homme, seul, en lutte avec le bien et le mal. — Il jetait palpitant sur la scène « ce sujet singulièrement ondoyant et divers, » suivant l'expression de Montaigne, dans ses versatilités de caractère, ses mobilités de nature, — c'est-à-dire ses instincts innés et ses passions acquises. — Les faits alors s'amoindrissaient, s'effaçaient presque à l'ombre de ses héros. Leur éclosion et leur enchaînement n'étaient plus qu'un produit des points de contact de la vanité et l'orgueil, du choc des intérêts, de l'antagonisme des désirs et des ambitions. — Les faits ne devenaient donc qu'une conséquence de la manière d'être, de la façon de penser de chacun, et la relation de ces personnages entre eux établissait seule l'explosion, l'importance, la réalité des événements. — C'est pourquoi sa conclusion se formule, pour lui, par le mépris des hommes. Aussi, tandis que Gœthe trônait impassible sur son rocher de Weimar, comme l'aigle, et vieillissait jusqu'à 85 ans en paix et en honneurs, Shakespeare, morose, sans autre préoccupation du monde et de sa gloire, se retirait brusquement avec sa famille dans une maisonnette, où il mourait jeune, à 52 ans. — Ils en étaient arrivés tous deux au même résultat, à la même maladie, si vous voulez.

Prétendrons-nous maintenant les juger, les condamner, en vertu du principe des humaines solidarités? Loin de nous cette outrecuidance. — Il est certaines hauteurs de génie où la mesure et la comparaison nous échappent, comme ces vapeurs de volcan tellement bouillantes qu'on ne peut au thermomètre en mesurer le degré.

Cette impassibilité philosophique (si ce mot peut s'appliquer ici) doit nécessairement, nous le reconnaissons, sur certains tempéraments et dans des conditions sociales données, produire de désastreuses conséquences. — Que le mépris, l'indifférence, ou, ce qui les résume, l'orgueil démesuré domine dans la tête farouche d'un Mahomet II, il fera respecter les monuments d'Athènes prise, mais livrera trois jours au massacre les habitants de Constantinople conquise.

Voilà ce qui ressort pour nous du parallèle de Gœthe et de Shakespeare; et cette solution, dont nous prenons la seule responsabilité, nous a été inspirée par les études de Ph. Chasles.

D'ailleurs pour la vie, le caractère et l'œuvre de ces deux génies, ainsi que pour les œuvres, le caractère et la vie des sociétés, nous répèterons sans trève, en dépit des routines et à l'encontre des despotismes, les derniers mots échappés aux lèvres mourantes de Gœthe, comme le cri suprême et éternel de l'humanité: *De la lumière! encore de la lumière !*

Ph. Chasles a vécu longtemps dans cette Angleterre qu'il connaît si bien, et dont il explique et illumine pour nous les révolutions intellectuelles. A cet esprit fureteur, clairvoyant, fin, peut-être subtil quelquefois, les hommes et les faits disent tout ce qu'ils contiennent. — Il analyse les uns et pénètre les autres. — Sous le drame, il démasque l'histoire ; il déshabille l'histoire et met à nu la bouffonnerie. — Dans un mot, dans un trait, il entrevoit la vérité sur un siècle, sur une civilisation. Il faut l'entendre, par exemple, de sa parole vive, ardente, colorée, évoquer les héroïnes de Shakespeare, faire apparaître, sur la trame uniforme et monochrome des traductions, les teintes nuancées qui animent et différencient ces natures féminines mobiles comme les impressions du sentiment.

Il faut le voir débrouiller les questions de philologie comparée, de terminologie philosophique, et dans l'hybridisme des idiomes reconstituer un radical, recueillir une étymologie pour les rendre à leur nationalité.

En quelques pages, comme dans le chapitre sur Shéridan, il jette un éclair sur un homme ; l'homme est buriné de la pointe d'une idée et, en cette silhouette, nous reconnaissons l'incarnation d'une société tout entière. — A propos de cet orateur-poète, il étudie la tartuferie sous ses deux formes immédiates : la tartuferie mondaine et la tartuferie religieuse. — L'une se fardant de *cant* et de *shokhing* anglais, affectant une sorte de puritanisme de ton, de manières et de langage, et dont la tactique consiste, en cette escrime, à *rompre* sans cesse ; l'autre s'essoufflant aux œuvres pies, aux aspirations mystiques, aux sévères maintiens, et, contrairement à sa sœur, *marchant*, au vu et su de la foule idiote et crédule. — « Vivez en cachant vos bonnes actions, dit Boudha, et en montrant vos péchés. » Les hypocrisies retournent la maxime : « Vivez en montrant vos bonnes actions et en cachant vos péchés, » sous le fallacieux prétexte d'exemple et de scandale.

Dans son chapitre : Hamlet et Macbeth, Ph. Chasles nous a écrit quelques belles pages d'esthétique sur le drame antique et le drame moderne. Nous citerons un paragraphe qui résume la pensée de l'auteur :

« De toutes les conceptions shakespeariennes, Macbeth
» est la plus conforme à l'unité de passion hellénique,
» Hamlet est la plus essentiellement teutonique, la plus
» variée, la plus complexe. Ces deux œuvres, occupant les
» pôles contraires des nationalités et des races, se tou-
» chent en un point ; elles ouvrent sur le monde invisible
» une perspective obscure, qui attire et tyrannise les deux
» héros : l'un, Macbeth, est doué d'un génie poétique inné,
» d'un vif pressentiment de l'idéal, d'une âme capable de
» recevoir les émotions de l'art ; l'autre, Hamlet, d'une
» profonde puissance de philosophie. Si Macbeth est poète,
» Hamlet est philosophe. Chez tous deux une faculté haute,
» un don supérieur luttent contre leur sanglant dessein ;
» cette supériorité, — cela arrive toujours, — est leur
» châtiment. »

Ph. Chasles rend la chaleur du sang aux drames de Shakespeare ; les personnages sortent devant nous des conceptions où ils sont sculptés ; ils s'agitent avec toute la netteté de la ligne, toute la plastique de la forme, toute la splendide puissance de la vie.

Il rend surtout le ton à cette scène nocturne où le meurtre du roi Duncan vient d'être perpétré. A la simple lecture, ce meurtre nous émeut ; il ne nous terrasse pas. Mais l'érudit-poète survient ; il allume la rampe, rétablit le décor, et soudain les deux criminels, sinistrement mis en relief, consomment devant nous, dans un funèbre réalisme, le crime dont ils portent chacun une moitié, puisqu'ils doivent tous deux en porter la couronne, car l'un est la pensée, l'autre l'action ; l'un la volonté, l'autre l'exécution. — Macbeth n'est que l'ambitieux incomplet ; seul, il restera l'Ange oblique jalousant Dieu dans son Paradis ; soutenu de cette pâle lady Macbeth qui « *voudrait se défaire de son sexe et avoir du fiel dans les mamelles,* » il deviendra l'Ange déchu de la Révolte. — Nous n'avions jamais compris comme en compagnie de Chasles la sauvage grandeur de cette scène célèbre. — Nous sommes sorti avec lui du cercle infernal, poursuivi par la peur et par ce sanglot désespéré du drame : « Plus de sommeil ! Il tue le sommeil, Macbeth ! » — Ce cri de la conscience terrifiée devant son repos assassiné et mort à jamais, est un cri de l'histoire. — Que de peuples et de souverains l'ont poussé depuis les Juifs crucifiant le Christ, et *tutti quanti*, jusqu'à tel ou tel despote confisquant des nationalités ou lapidant la liberté !

Nous n'en finirions point si nous voulions, humble élève à la suite du maître, parcourir avec lui les labyrinthes où il nous entraîne et nous guide. — Une des remarquables qualités de Ph. Chasles est d'aider, comme Socrate, à l'accouchement de nos idées. — Dans les déserts de l'Egypte, partout où jaillit une source, se crée une oasis ; de même, il est des idées fécondantes qui produisent autour d'elles la vie et la richesse.

Quelle silhouette bizarre, singulière, que celle de cet acteur fantastique, Charles Mathews, *froid observateur et imitateur ironique de détails,* qui importait sur le théâtre l'esprit d'analyse du roman anglais. — Rien des infiniment petits du monde moral, intellectuel et physique n'échappe à ces patients anatomistes d'outre-Manche, amis de la vérité avant tout. — Il semble que leur atmosphère presque continuelle de brouillards limite leur vue et qu'ils s'enferment dans le champ étroit de la vision. — Aussi se résignent-ils en disséquant avec minutie la pensée, le sentiment, les mœurs, les habitudes et les lieux. — Les idées d'ensemble y perdent assurément; les points de vue se rapetissent, l'enthousiasme est nul; mais la réalité des caractères, l'exactitude des faits, la pratique des affaires y gagnent à coup sûr. — Ils étudient un homme comme un insecte; en entomologistes et non en philosophes.

Ph. Chasles passe maintenant à la musique que nous semble si bien symboliser ce passage recueilli par nous chez un ancien voyageur. — « Quelquefois, dans le désert du Sahara, au bout de cinq ou six jours de marche, on rencontre une petite fleur bleue solitaire ; les Arabes croient qu'au son de la flûte, cette fleur ouvre et ferme ses pétales. » — La musique ne vient-elle pas, dans les marches pénibles de la vie, ouvrir et refermer doucement les émotions de notre âme? Ph. Chasles définit la musique d'une façon ingénieuse et nouvelle. En effet, la musique est la poésie abstraite, universelle, existant comme l'air autour de nous et que chacun peut s'approprier, en lui donnant une signification dès que nous lui donnons notre manière d'être personnelle. « Elle dit j'aime, non pas je t'aime. » Telle est, en ces deux mots, la définition de Chasles. — Dans un cercle de plusieurs milliers de personnes,

exécutez une symphonie. Par elle-même elle apparaît in-
définie, indécise, sans forme en dehors des règles mécaniques de la composition ; mais à l'instant où elle se répand,
chaque âme qui la respire la revêt de sa joie ou de sa dou-
leur et se l'incarne. — Car elle est douée d'une merveilleuse souplesse — et d'une tonalité infinie et chromati-
que de nuances. — C'est donc la poésie, la plus vraie, la
plus belle, la plus grande.

Ph. Chasles fait quelques excursions à travers la musique. — On ne lui reconnaît que la science d'instinct, la
science de sentiment. — Mais il donne des appréciations
justes et heureuses ; des aperçus plutôt entrevus que vus,
et chacun peut compléter ces études d'après ce qu'il sait
ou ce qu'il sent.—Les arts ont, d'ailleurs, ceci de commun
qu'ils ne sont inaccessibles à personne. — C'est l'héri-
tage commun de l'intelligence humaine. — Les uns seule-
ment sont appelés, du seuil, à admirer le temple, dans ses
majestueuses lignes, dans sa masse ; les autres à pénétrer
au fond du sanctuaire, dont ils distinguent les mille détails d'exécution...... mais les défauts , souvent. — Ce
qui est l'expiation de la science.

Ph. Chasles se montre fidèle, dans son livre, à la ligne
de conduite de sa vie entière. — Il nous la répète, page
142 de ce livre, et nous devons la citer :

« Bénies soient, dit-il, les bonnes âmes qui épargnent
» le dédain et économisent l'insulte envers les débutants
» dans toutes les carrières. Ces âmes ont quelque chose
» de noble, de généreux et d'honnête. » — M. Chasles
nous fournit là le critérium d'après lequel il doit être
jugé. — Nous le prenons au piége de son honnêteté, de
sa générosité et de sa noblesse. —Non-seulement il a tou-

jours tendu la main aux débutants, et mis ses conseils, sa plume et ses amitiés à leur service ; mais encore il a pris à tâche de réhabiliter des méconnus, de ressusciter des oubliés. — Il est l'ami des vieux auteurs et des vieux livres ; sa bienveillance s'étend sur les vivants et sur les morts.

C'est ainsi qu'il nous donne, sur l'Opéra, quelques notes, quelques précis rapides, mais curieux.

C'est ainsi qu'il nous exhume l'histoire du compositeur tyrolien Ferrari de Roveredo.

C'est ainsi qu'à propos du *Don Juan* de Mozart, il prend les mémoires du librettiste, da Pontee, nous les analyse, et nous choisit des chapitres délicieux. — Avec un tact exquis, il cite des pages qui sont des photographies d'histoire et de mœurs. Elles nous mettent en relief d'une merveilleuse façon la Venise du XVIIIe siècle, cette courtisane moribonde entre les bras de la philosophie française, qui joue, aime, danse, se bat, chante et rime, sans morale, sans foi, sans conscience, insoucieuse de son passé, imprévoyante de son avenir, ne craignant que la seigneurie et le bonnet orné du zecchino de l'inquisiteur d'Etat. — Cette étude a tout l'attrait d'un roman vrai ; et si vous vous hasardez au bord de la première page, l'intérêt vous saisit comme le tourbillon. Il faut que vous le suiviez dans ses peripéties, jusqu'à la dernière page, où il vous rend à vos bonnes habitudes modernes, mais charmé, étonné, ébloui.

Nous nous égarerions si facilement, si vite et si loin, si nous voulions suivre Ph. Chasles, ce pionnier des ruines, dans ce volume qui, comme les précédents, est semé d'érudition, de philosophie, d'esprit, d'éclaircies nou-

velles. — Son livre vous subjugue comme sa personne.
— L'homme tout entier est là décalqué. — Et n'est-ce
pas une qualité précieuse et à souligner en ce siècle où
les écrivains sont souvent si peu ressemblants avec leurs
œuvres ?

Nous nous sommes souvent demandés — tout bas — avec
la jeunesse moderne que nous fréquentons en province,
que nous coudoyons à Paris, pourquoi Ph. Chasles n'était
point encore de l'Académie. — L'Académie se souvient
quelquefois qu'elle est sœur du Collége de France. —
Qu'il frappe donc, un jour, à cette porte auguste, le vieux
professeur ! Si, au premier coup de heurtoir, le temple ne
s'ouvre pas, nous crierons en chœur derrière lui : — Ohé !
Messieurs les Immortels, ne laissez donc pas encore ce-
lui-ci s'asseoir au 41ᵉ fauteuil. Ce ne serait ni juste, ni
adroit.

Nous terminerons cette longue étude par ces derniers
mots du livre de Ph. Chasles, qui résument pour nous
sa profession de foi, sa vie, et qu'il peut laisser comme
testament littéraire :

« Quoi que l'on fasse, la volupté brutale ou raffinée
» ne peut suffire à l'art. Jamais le triomphe des jouissan-
» ces sensuelles, privées du suprême idéal, n'assurera le
» triomphe de l'art. »

Le suprême idéal pour Ph. Chasles, pour les esprits
élevés, pour l'humanité : c'est la liberté et le spiritualisme ;
— le produit de cette alliance que les alchimistes modernes finiront par rencontrer au fond de leurs creusets.
Quelle magnifique philosophie que celle qui, comme la
philosophie de Descartes, sort de la pensée, ainsi qu'un aigle
sort des profondeurs du ciel ; qui possède sur son seuil

mystérieux ces grandes vérités : immortalité de l'âme, existence de Dieu, inviolabilité de la conscience et de la pensée humaine, toutes trois créant le monde moral et fondant les sociétés sur la vertu et la justice.

LE PUY, TYP. ET LITH. MARCHESSOU